Quiero hacer PELÍCULAS

Mary R. Dunn

Editorial Buenas Letras

New York

Traducción al español: Eduardo Alamán

Dedicated to my sister, my first movie buddy

Published in 2010 by The Rosen Publishing Group, Inc.
29 East 21st Street, New York, NY 10010

First Edition

Editor: Amelie von Zumbusch
Book Design: Ginny Chu
Layout Design: Julio Gil
Photo Researcher: Jessica Gerweck

Photo Credits: Cover, p. 20 © AFP/Getty Images; pp. 4, 6, 8, 10, 12, 14, 16, 18 © Getty Images.

Library of Congress Cataloging-in-Publication Data

Dunn, Mary R.
  [I want to make movies. Spanish]
  Quiero hacer películas / Mary R. Dunn. – 1st ed.
      p. cm. – (Trabajos de ensueño)
  Includes index.
  ISBN 978-1-4042-8155-4 (library binding) – ISBN 978-1-4358-3429-3 (pbk.) –
  ISBN 978-1-4358-3430-9 (6-pack)
  1. Motion pictures–Juvenile literature. I. Title.
  PN1994.5.D8618 2010
  791.43–dc22
                                        2009007704

Manufactured in the United States of America

Contenido

Trabajo en equipo 5

La magia del cine....................................7

Muchos tipos de películas 9

Escribir la historia 11

La filmación..13

Diseño de vestuario y del set 15

Creando el personaje 17

Animación en el cine 19

Eventos y premios 21

Aprendiendo a hacer cine......................22

Glosario 23

Índice 24

Sitios en Internet 24

El equipo de la película *El Hombre Araña* usó cables para dar la ilusión de que los personajes volaban por los aires.

4

Trabajo en equipo

¿Te has dado cuenta de la larga lista de nombres que aparece en la pantalla al final de una película? ¡Todas esas personas son muy importantes en la realización de una película!

Hacer una película es un trabajo en equipo. Por ejemplo, los productores encuentran las historias y el dinero para hacer la película. Los actores representan a los personajes. El director **crea** el estilo de la película y guía a los actores. Distintos artístas crean la utilería y el vestuario que usan los actores. Otros profesionales se encargan de los **efectos de sonido** y la música para la película.

Encantada es un cuento de hadas de una princesa en la ciudad de Nueva York. La película usa bailes y música para contar la historia.

6

La magia del cine

El cine es un estupenda manera de contar historias. El cine utiliza muchas herramientas, tales como los **efectos especiales**, música, actuación y palabras, para dar vida a las historias.

Los aficionados a las películas visitan oscuras salas de cine donde la magia de las películas se desarrolla en la pantalla. Al escuchar y ver la película, los espectadores sienten que son parte de la historia. Los espectadores ríen, lloran y se emocionan al entrar al mundo que se representa en la pantalla.

La película *La guerra de las galaxias*, que vemos aquí, es la primera de una larga serie de películas escritas y dirigidas por George Lucas.

Muchos tipos de películas

Existen muchos géneros, o tipos de películas. Las historias graciosas se llaman comedias y nos hacen reír. Por ejemplo, *Shrek* cuenta la historia de un ogro que se enamora. Otra comedia, *Superdog*, trata de un perro parlanchín que ayuda a los habitantes de Capital City.

La mayoría de las películas para niños que han sido exitosas son películas de ciencia ficción. Generalmente, estas películas nos hablan de otros mundos. Por ejemplo, *La guerra de las galaxias*, sucede en una "**galaxia** muy lejana". En *E.T.: El Extraterrestre*, un ser de otro planeta que se ha perdido encuentra su camino a casa en la Tierra.

El guionista Michael Arndt ganó un Óscar, o premio de la Academia, por el guión de la película *Pequeña Miss Sunshine*.

Escribir la historia

Los escritores, llamados guionistas en el cine, crean con frecuencia los personajes y la historia de una película. Estos escritores crean un guión que tiene los diálogos de los actores y la descripción de la acción. Los guionistas toman ideas de muchos lugares distintos. Algunos guiones se basan en **eventos** de la vida real.

Otros guiones se basan en libros o **cómics**. El libro *Grandes Esperanzas* de Charles Dickens fue adaptado para el cine. La película *El Hombre Araña* se basa en un famoso superhéroe de historieta.

El director Tony Scott, con la gorra roja, filmó partes de la película *El fuego de la venganza*, en la Ciudad de México.

La filmación

Los directores aportan sus propias ideas al guión. Los directores se encargan de darle forma a la película, están a cargo del set, o lugar donde se realiza la filmación y dirigen a los actores. Además, deciden la forma en la que se filmarán las escenas. El director está a cargo de todo el equipo que trabaja en la película.

El director trabaja muy de cerca con el director de fotografía, o la persona a cargo de la cámara. Las cámaras son herramientas que se usan para registar la película. El director de fotografía decide la iluminación, qué tipo de película se utilizará y la posición de la cámara en el set.

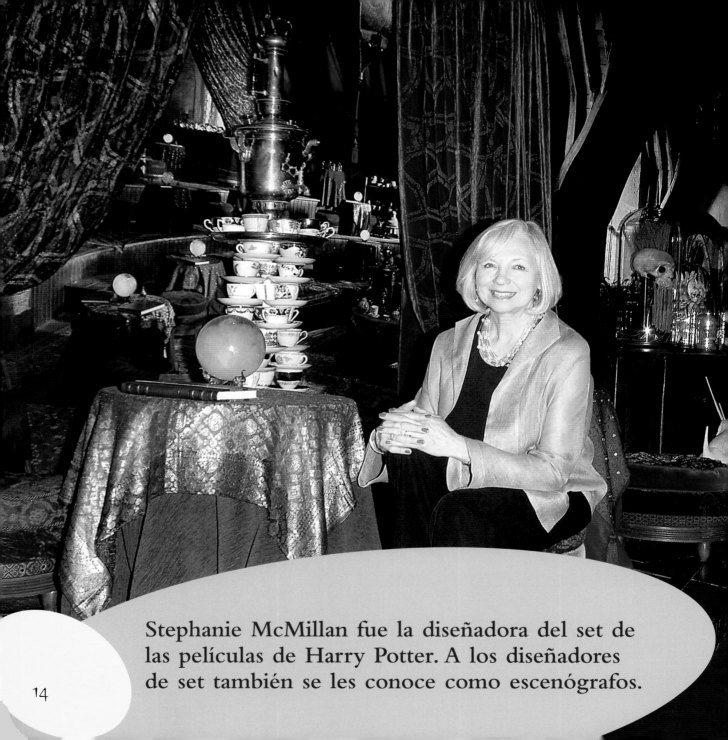

Stephanie McMillan fue la diseñadora del set de las películas de Harry Potter. A los diseñadores de set también se les conoce como escenógrafos.

Diseño de vestuario y del set

Además del director de fotografía, muchos otros artistas tienen importantes trabajos en las películas. Los escenógrafos hacen los diseños de los sets y la utilería. Estos ayudan a crear el ambiente que los espectadores ven en la pantalla.

Los diseñadores de vestuario, planean el vestuario que utilizan los personajes en la película. Estos diseñadores pueden fabricar el vestuario o pueden comprarlo en una tienda. Una famosa diseñadora de vestuario es Colleen Atwood. En 2004, Atwood ganó un premio por el vestuario de la película *Una serie de catastróficas desdichas de Lemony Snicket*.

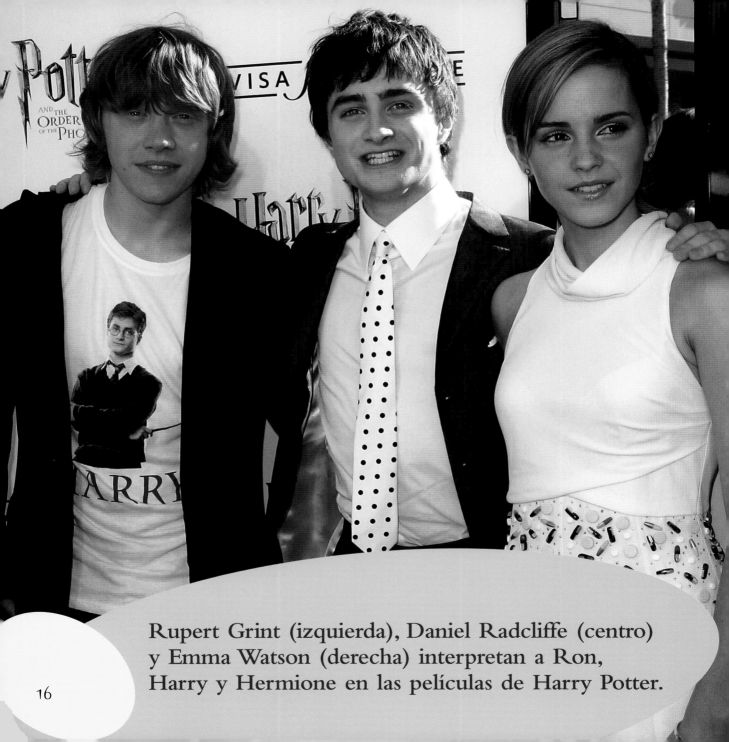

Rupert Grint (izquierda), Daniel Radcliffe (centro) y Emma Watson (derecha) interpretan a Ron, Harry y Hermione en las películas de Harry Potter.

Creando el personaje

El vestuario ayuda a que los actores le den vida a los personajes. El trabajo más importante de un actor es crear personajes interesantes. Cuando los actores llegan al set deben tener memorizados sus diálogos, o palabras que tienen que decir. Cuando la cámara comienza a filmar y el director dice "¡Acción!" es el momento de que el actor comience a interpretar a su personaje.

Ser actor puede ser muy divertido. Daniel Radcliffe, la estrella de Harry Potter, disfruta mucho su trabajo. Sin embargo, dice Daniel, las escenas de los juegos de Quidditch fueron muy difíciles de filmar.

Los actores Ben Stiller (izquierda), David Schwimmer (centro) y Chris Rock (derecha) hicieron las voces de la película *Magadascar*.

Animación en el cine

No todas las películas tienen actores en la pantalla. Películas como *El pequeño Nemo* y *Shrek* son películas de animación. Las películas animadas se hacen mostrando ciéntos de dibujos muy rápido para crear la sensación de movimiento. Los actores graban sus voces para los personajes de la historia.

Hay muchos tipos de animación distintos. Los dibujos animados se hacen dibujando cientos de imágenes. En la animación de *stop-motion* se toman fotografías de objetos que se modifican ligeramente. Actualmente, muchas películas se hacen usando computadoras, como *Ratatouille*, que fue realizada en animación en tercera dimensión.

Los actores Jada Pinkett Smith (izquierda), Will Smith (derecha) y Jaden Smith (al frente) en la entrega de los premios Óscar, en 2007.

20

Eventos y premios

Cuando una película está lista para su estreno los productores se encargan de promocionarla. Para esto realizan un estreno, o *premier*, en la que se muestra la película por primera ocasión en un evento especial. Las estrellas de la película asisten al estreno y muchos espectadores se reunen para ver a las estrellas.

Otro evento importante son los Premios de la Academia en los que se reconocen las mejores películas del año. El evento comienza con las estrellas dando entrevistas en la alfombra roja. Luego se entrega un premio, llamado Óscar, a los mejores actores, directores, escenógrafos y otras personas que hacen películas.

Aprendiendo a hacer cine

Hay varias cosas que puedes hacer si quieres trabajar en el cine. Comienza por aprender tanto como puedas sobre las películas. Cuando veas películas presta atención a la música, la escenografía y el trabajo de los actores. Si tienes una idea, escribe un guión. Busca actores entre tus amigos. Si tienes una cámara filma algunas escenas y luego muéstralas a tus familiares y amigos.

Uno de los mejores directores de cine, Steven Spielberg, comenzó haciendo películas sólo por diversión. Ahora es tu turno de decir, ¡Luces! ¡Cámara! ¡Acción!

Glosario

cómics (los) Historias que se cuentan usando dibujos. Tebeos.

crear Hacer o producir algo.

efectos de sonido (los) Sonidos que se hacen especialmente para una película.

efectos especiales (los) Trucos que se usan en el cine para hacer, por ejemplo, que algo que no es real parezca verdadero.

eventos (los) Cosas que suceden.

galaxia (la) Un grupo de estrellas y los mundos que las rodean.

Índice

A

Academia, premios de la, 21
animación, 19

C

cómics, 11

D

directores, 5, 13, 21
directores de fotografía, 13, 15, 21

diseñadores de vestuario, 15, 21

E

efectos especiales, 7
escenógrafos, 15

G

guerra de las galaxias, la, 9

P

premier, 21
productores, 5

R

Radcliffe, Daniel, 17

S

Spielberg, Steven, 22

Sitios en Internet

Debido a las constantes modificaciones en los sitios de Internet, Editorial Buenas Letras ha desarrollado un listado de sitios Web relacionados con el tema de este libro. Este sitio se actualiza con regularidad. Por favor, usa este enlace para acceder a la lista: www.powerkidslinks.com/djobs/movie/